I0173838

Y 5855.

YJ 7604.9

CRISPIN

RIVAL

DE SON MAÎTRE.

COMEDIE.

Par Monsieur Le Sage.

Le prix est de dix-huit sols.

A PARIS,

Chez PIERRE RIBOU, sur le
Quay des Augustins, à la descente du
Pont-Neuf, à l'Image S. Loüis.

MDCCVII.

Avec Approbation & Privilege du Roy.

ACTEURS.

Mr ORONTE Bourgeois de Paris.

Me ORONTE fa femme.

ANGÈLIQUE leur fille, promife à Damis.

VALERE Amant d'Angelique.

Mr ORGON Pere de Damis.

LISETTE fuivante d'Angelique.

CRISPIN valet de Valere.

LABRANCHE valet de Damis.

La Scene eft à Paris.

CRISPIN
RIVAL
DE SON MAISTRE.
COMEDIE.

SCENE PREMIERE.
VALERE. CRISPIN.
VALERE.

A H te voilà, bourreau !
CRISPIN.
Parlons sans emportement.
VALERE.
Coquin !
CRISPIN.
Laissons-là, je vous prie, nos qualitez. De

A

quoi vous plaignez-vous ?

VALERE.

De quoi je me plains, traître ! tu m'a-
vois demandé congé pour huit jours, & il
y a plus d'un mois que je ne t'ai vû. Eſt-ce
ainſi qu'un valet doit ſervir ?

CRISPIN.

Parbleu, Monſieur, je vous ſers comme
vous me payez. Il me ſemble que l'un n'a
pas plus de ſujet de ſe plaindre que l'autre.

VALERE.

Je voudrois bien ſçavoir d'où tu peus
venir ?

CRISPIN.

Je viens de travailler à ma fortune. J'ai
été en Touraine avec un Chevalier de mes
amis faire une petite expedition.

VALERE.

Quelle expedition ?

CRISPIN.

Lever un droit qu'il s'eſt acquis ſur les
gens de province par ſa maniere de joüer.

VALERE.

Tu viens donc fort à propos, car je
n'ai point d'argent ; & tu dois être en état
de m'en prêter.

CRISPIN.

Non, Monſieur, Nous n'avons pas fait

une heureuse pêche. Le poisson a vû l'hameçon, il n'a point voulu mordre à l'appât.

VALERE.

Le bon fond de garçon que voila ! Ecoute Crispin, je veux bien te pardonner le passé ; j'ai besoin de ton industrie.

CRISPIN.

Quelle clemence !

VALERE.

Je suis dans un grand embaras.

CRISPIN.

Vos créanciers s'impatientent-ils ? ce gros Marchand à qui vous avez fait un billet de neuf cent francs pour trente pistoles d'étoffe qu'il vous a fourni, auroit-il obtenu Sentence contre vous ?

VALERE.

Non.

CRISPIN.

Ah j'entends. Cette genereuse Marquise qui alla même payer vôtre Tailleur qui vous avoit fait assigner à découvert que nous agissions de concert avec lui.

VALERE.

Ce n'est point cela, Crispin. Je suis devenu amoureux.

CRISPIN.

Oh oh! Et de qui par avanture?

VALERE.

D'Angelique fille unique de Monſieur
Oronte.   CRISPIN.

Je la connois de vuë, peſte la jolie figure ! ſon pere ſi je ne me trompe, eſt un
Bourgeois qui demeure en ce logis & qui
eſt trés riche.

VALERE.

Oüi, il a trois grandes maiſons dans les
plus beaux quartiers de Paris.

CRISPIN.

L'adorable perſonne qu'Angelique !

VALERE.

De plus il paſſe pour avoir de l'argent
comptant.

CRISPIN.

Je connois tout l'excés de vôtre amour.
Mais où en êtes vous avec la petite fille ?
Elle ſçait vos ſentimens.

VALERE.

Depuis huit jours que j'ai un libre ac-
cez chez ſon pere, j'ai ſi bien fait qu'elle
me voit d'un œil favorable, mais Liſette
ſa femme de chambre m'aprit hier une
nouvelle qui me met au déſeſpoir.

CRISPIN.

Eh que vous a-t-elle dit cette déſeſpe-
rante Liſette?

DE SON MAISTRE,

VALERE.

Que j'ai un rival, que Monfieur Oronte
à donné fa parole à un jeune homme de
Province qui doit inceffamment arriver
à Paris pour époufer Angelique.

CRISPIN.

Et qui eft ce rival ?

VALERE.

C'eft ce que je ne fçai point encore. On
appella Lifette dans le tems qu'elle me dí-
foit cette fâcheufe nouvelle, & je fus obligé de me retirer fans aprendre fon nom.

CRISPIN.

Nous avons bien la mine de n'être pas
fi-tôt proprietaires des trois belles maifons
de Monfieur Oronte.

VALERE.

Va trouver Lifette de ma part, parle-
lui, aprés cela nous prendrons nos mefures.

CRISPIN.

Laiffez-moi faire.

VALERE.

Je vais t'attendre au logis.

SCENE II.

CRISPIN *seul.*

QUE je suis las d'être valet! Ah Crispin, c'est ta faute, tu as toûjours donné dans la bagatelle, tu devrois presentement briller dans la Finance. Avec l'esprit que j'ai, morbleu, j'aurois déja fait plus d'une banqueroute.

SCENE III.

CRISPIN, LABRANCHE.
LABRANCHE.

N'Est-ce pas là Crispin ?
CRISPIN.
Est-ce là Labranche que je vois ?
LABRANCHE.
C'est Crispin, c'est lui-même.

CRISPIN.

C'eſt Labranche ou je meure ! l'heureu-
ſe rencontre ! que je t'embraſſe mon cher,
franchement ne te voyant plus paroître à
Paris, je craignois que quelque Arrêt de la
Cour net'en eût éloigné.

LABRANCHE.

Ma foi mon ami je l'ai échapé belle depuis que je ne t'ai vû. On m'a voulu donner de l'occupation ſur mer ; j'ai penſé
être du dernier détachement de la Tour-
nelle.

CRISPIN.

Tudieu ! qu'avois tu donc fait ?

LABRANCHE.

Une nuit je m'aviſai d'arrêter dans une
ruë detournée un marchand étranger pour
lui demander par curioſité des nouvelles de
ſon païs. Comme il n'entendoit pas le fran-
çois, il crut que je lui demandois la bour-
ſe, il crie au voleur, le guet vient, on
me prend pour un fripon, on me mene au
Châtelet, j'y ai demeuré ſept ſemaines.

CRISPIN.

Sept ſemaines !

LABRANCHE.

J'y aurois demeuré bien davantage ſans
la niece d'une revendeuſe à la toilette.

A iiij

CRISPIN.

Eft-il vrai ?

LABRANCHE.

On étoit furieufement prevenu contre moi ; mais cette bonne amie fe donna tant de mouvement, qu'elle fit connoître mon innocence.

CRISPIN.

Il eft bon d'avoir de puiffans amis.

LABRANCHE.

Cette avanture m'a fait faire des reflexions.

CRISPIN.

Je le crois, tu n'es plus curieux de fça-voir des nouvelles des païs étrangers.

LABRANCHE.

Non, ventrebleu, je me fuis remis dans le fervice. Et toi, Crifpin travaille-tu toû-jours ?

CRISPIN.

Non, je fuis comme toi un fripon ho-noraire, je fuis rentré dans le fervice auffi ; mais je fers un Maître fans bien, ce qui fuppofe un valet fans gages, je ne fuis pas trop content de ma condition.

LABRANCHE.

Je le fuis affez de la mienne, moi, je demeure à Chartres, j'y fers un jeune hom-

me appellé Damis ; c'eſt un aimable garçon, il aime le jeu, le vin, les femmes ;
c'eſt un homme univerſel ; nous faiſons enſemble toutes ſortes de débauches ; cela
m'amuſe, cela me détourne de mal faire.

CRISPIN.

L'innocente vie !

LABRANCHE.

N'eſt-il pas vrai ?

CRISPIN.

Aſſurément. Mais dis-moi, Labranche,
qu'es-tu venu faire à Paris ? où vas-tu ?

LABRANCHE,

Je vais dans cette maiſon.

CRISPIN.

Chez Monſieur Oronte ?

LABRANCHE.

Sa fille eſt promiſe à Damis.

CRISPIN.

Angelique promiſe à ton maître ?

LABRANCHE.

Monſieur Orgon Pere de Damis étoit à
Paris il y a quinze jours, j'y étois avec lui;
nous allâmes voir Monſieur Oronte, qui eſt
de ſes anciens amis, & ils arrêterent entre
eux ce mariage.

CRISPIN.

C'eſt donc une affaire reſoluë.

LABRANCHE.

Oüi le contrat est déja signé des deux peres & de madame Oronte, la dot qui est de vingt-mille écus en argent comptant est toute prête, on n'attend que l'arrivée de Damis pour terminer la chose.

CRISPIN.

Ah parbleu cela étant, Valere mon maître n'a donc qu'à chercher fortune ailleurs.

LABRANCHE.

Quoi ton maître ?

CRISPIN.

Il est amoureux de cette même Angeli-que ; mais puisque Damis ...

LABRANCHE.

Oh Damis n'épousera point Angelique, il y a une petite difficulté.

CRISPIN.

Eh quelle ?

LABRANCHE.

Pendant que son Pere le marioit ici, il s'est marié à Chartres lui.

CRISPIN.

Comment donc ?

LABRANCHE.

Il aimoit une jeune personne avec qui il avoit fait les choses, de maniere qu'au re-

tour du bon homme Orgon, il s'eſt fait en
ſecret une aſſemblée de parens. La fille eſt
de condition, Damis a été obligé de l'é-
pouſer.

CRISPIN.

Oh cela change la theſe.

LABRANCHE.

J'ai trouvé les habits de nôce de mon
maître tous faits, j'ai ordre de les empor-
ter à Chartres, auſſi-tôt que j'aurai vû Mr
& Me Oronte, & retiré la parole de Mr
Orgon.

CRISPIN.

Retirer la parole de Mr Orgon !

LABRANCHE.

C'eſt ce qui m'amene à Paris, ſans adieu
Criſpin, nous nous reverrons.

CRISPIN.

Attend Labranche, attend mon enfant,
il me vient une idée, dis-moi un peu, ton
maître eſt-il connu de Mr Oronte ?

LABRANCHE.

Ils ne ſe ſont jamais vûs.

CRISPIN.

Ventrebleu ſi tu voulois, il y auroit un
beau coup à faire ; mais aprés ton avanture
du Châtelet, je crains que tu ne manques de
courage.

LABRANCHE.

Non non, tu n'as qu'à dire, une tempê-
te effuyée n'empêche point un bon matelot
de fe remettre en mer. Parle, de quoi s'a-
git-il ? eft-ce que tu voudrois faire paffer
ton maître pour Damis ? & lui faire époufer...

CRISPIN.

Mon Maître ! fy donc, voilà un plaifant gueux pour une fille comme Angelique. Je lui deftine un meilleure parti.

LABRANCHE.

Qui donc ?

CRISPIN.

Moi.

LABRANCHE.

Malpefte tu as raifon, cela n'eft pas
mal imaginé au moins.

CRISPIN.

Je fuis auffi amoureux d'elle.

LABRANCHE.

J'aprouve ton amour.

CRISPIN.

Je prendrai le nom de Damis.

LABRANCHE.

C'eft bien dit.

CRISPIN.

J'épouferai Angelique.

LABRANCHE.

LABRANCHE,

J'y confens.

CRISPIN.

Je toucherai la dot.

LABRANCHE.

Fort bien !

CRISPIN.

Et je difparoîtrai avant qu'on en vienne
aux éclairciffemens.

LABRANCHE.

Expliquons-nous mieux fur cet article.

CRISPIN.

Pourquoi ?

LABRANCHE.

Tu parles de difparoître avec la dot fans
faire mention de moi. Il y a quelque chofe à corriger dans ce plan là.

CRISPIN.

Oh nous difparoîtrons enfemble.

LABRANCHE.

A cette condition-là, je te fers de crou-
pier. Le coup, je l'avouë eft un peu hardi;
mais mon audace fe reveille, & je fens
que je fuis né pour les grandes chofes. Où
irons-nous cacher la dot ?

CRISPIN.

Dans le fond de quelque Province
éloignée.

B

LABRANCHE.

Je crois qu'elle fera mieux hors du Royaume, qu'en dis tu ?

CRISPIN.

C'eft ce que nous verrons. Aprens-moi de quel caractere eft Monfieur Oronte.

LABRANCHE.

C'eft un Bourgeois fort fimple, un petit genie.

CRISPIN.

Et Madame Oronte ?

LABRANCHE.

Une femme de vingt-cinq à foixante ans, une femme qui s'aime, & qui eft d'un efprit tellement incertain, qu'elle croit dans le même moment le pour & le contre.

CRISPIN.

Cela fuffit, il faut à prefent emprunter des habits pour...

LABRANCHE.

Tu peus te fervir de ceux de mon maître. Oüi, juftement tu es à peu prés de fa taille.

CRISPIN.

Pefte! il n'eft pas mal fait.

LABRANCHE.

Je vois fortir quelqu'un de chez Monfieur Oronte, allons dans mon auberge concerter l'execution de nôtre entreprise.

CRISPIN.

Il faut auparavant que je coure au logis parler à Valere, & que je l'engage par une fausse confidence à ne point venir de quelques jours chez Monsieur Oronte. Je t'aurai bien-tôt rejoint.

SCENE IV.

ANGELIQUE, LISETTE.

ANGELIQUE.

OUY, Lisette, depuis que Valere m'a découvert sa passion, un secret chagrin me dévore, & je sens que si j'épouse Damis, il m'en coûtera le repos de ma vie.

LISETTE.

Voilà un dangereux homme que ce Valere.

ANGELIQUE.

Que je suis malheureuse ! entre dans ma situation, Lisette ! que dois-je faire ? conseille-moi, je t'en conjure.

LISETTE.

Quel conseil pouvez-vous attendre de moi ?

ANGELIQUE.

Celui que t'inspirera l'interêt que tu prens à ce qui me touche.

LISETTE.

On ne peut vous donner que deux sortes de conseils, l'un d'oublier Valere, & l'autre de vous roidir contre l'autorité paternelle, vous avez trop d'amour pour suivre le premier, j'ai la conscience trop délicate, pour vous donner le second, cela est embarassant comme vous voyez.

ANGELIQUE.

Ah! Lisette tu me désesperes.

LISETTE.

Attendez, il me semble pourtant que l'on peut concilier vôtre amour & ma conscience; oüi, allons trouver vôtre mere.

ANGELIQUE.

Que lui dire ?

LISETTE.

Avoüons lui tout, elle aime qu'on la flate, qu'on la caresse ; flatons-là, caressons-là ; dans le fonds elle a de l'amitié pour vous, & elle obligera peut-être Monsieur Oronte à retirer sa parole.

ANGELIQUE.

Tu as raison, Lisette, mais je crains...

LISETTE.

Quoi ?

ANGELIQUE.

Tu connois ma mere, son esprit a si peu de fermeté.

LISETTE.

Il est vrai qu'elle est toûjours du sentiment de celui qui lui parle le dernier, n'importe ne laissons pas de l'attirer dans nôtre parti. Mais je la vois, retirez vous pour un moment, vous reviendrez quand je vous en ferai signe.

SCENE V.

Me ORONTE, LISETTE.

LISETTE sans faire semblant de voir Me Oronte.

IL faut convenir que Me Oronte est une des plus aimables femmes de Paris.

Me ORONTE.

Vous êtes flateuse, Lisette.

B iij

LISETTE.

Ah Madame, je ne vous voyois pas !
Ces paroles que vous venez d'entendre,
font la fuite d'un entretien que je viens
d'avoir avec Mademoifelle Angelique au
fujet de fon mariage. Vous avez, lui difois-
je, la plus judicieufe de toutes les meres,
la plus raifonnable.

Me ORONTE.

Effectivement Lifette, je ne reffemble
guere aux autres femmes. C'eft toûjours la
raifon qui me détermine.

LISETTE.

Sans doute.

Me ORONTE.

Je n'ai ni entêtement ni caprice.

LISETTE.

Et avec cela vous êtes la meilleure mere
du monde ; je mets en fait que fi vôtre fille
avoit de la repugnance à époufer Damis,
vous ne voudriez pas contraindre là deffus
fon inclination.

Me. ORONTE.

Moi la contraindre ! moi gêner ma fille!
à Dieu ne plaife que je faffe la moindre
violence à fes fentimens. Dittes-moi, Lifette, auroit-elle de l'averfion pour Damis ?

LISETTE.

Eh mais . . .

Me ORONTE.

Ne me cachez rien.

LISETTE.

Puisque vous voulez sçavoir les choses,
Madame, je vous dirai qu'elle a de la ré-
pugnance pour ce mariage.

Me ORONTE.

Elle a peut-être une passion dans le cœur.

LISETTE.

Oh Madame c'est la regle; Quand une
fille a de l'aversion pour un homme qu'on
lui destine pour mari, cela suppose toûjours
qu'elle a de l'inclination pour un autre.
Vous m'avez dit par exemple que vous
haïssiez Monsieur Oronte la premiere fois
qu'on vous le proposa, parce que vous ai-
miez un Officier qui mourut au siege de
Candie.

Me ORONTE.

Il est vrai, & si ce pauvre garçon ne
fut pas mort, je n'aurois jamais épousé
Monsieur Oronte.

LISETTE.

Hé-bien Madame, Mademoiselle vôtre Fille est dans la même disposition où
vous étiez avant le siege de Candie.

B iiij

Me ORONTE.

Eh qui eſt donc le Cavalier qui a trouvé le ſecret de lui plaire ?

LISETTE.

C'eſt ce jeune Gentilhomme qui vient
jouer chez vous depuis quelques jours.

Me ORONTE.

Qui ? Valere.

LISETTE.

Lui-même.

Me ORONTE.

A propos vous m'en faites ſouvenir, il
nous regardoit hier Angelique & moi avec
des yeux ſi paſſionnez ! Etes-vous bien aſ-
ſurée, Liſette, que c'eſt de ma fille qu'il eſt
amoureux ?

LISETTE *fait ſigne à An-*
gelique de s'aprocher.

Oüi, Madame, il me l'a dit lui-même,
& il m'a chargé de vous prier de ſa part
de trouver bon qu'il vienne vous en faire la
demande.

SCENE VI.

Mᵉ ORONTE, ANGELIQUE, LISETTE.

ANGELIQUE.

PArdonnez, Madame, si mes sentimens ne sont pas conformes aux vôtres, mais vous sçavez...

Mᵉ ORONTE.

Je sçai bien qu'une fille ne regle pas toûjours les mouvemens de son cœur sur les vuës de ses parens ; mais je suis tendre, je suis bonne, j'entre dans vos peines. En un mot j'agrée la recherche de Valere.

ANGELIQUE.

Je ne puis vous exprimer, Madame, tout le ressentiment que j'ai de vos bontez.

LISETTE.

Ce n'est pas assez, Madame ; Monsieur Oronte est un petit opiniâtre, si vous ne soûtenez pas avec vigueur...

Me ORONTE.

Oh ! n'ayez point d'inquietude la-deſſus ;
je prens Valere ſous ma protection , ma
fille n'aura point d'autre époux que lui ,
c'eſt moi qui vous le dis ; mon mari vient,
vous allez voir de quel ton je vais lui parler.

SCENE VII.

Me ORONTE, Mr ORONTE, ANGELIQUE, LISETTE.

Me ORONTE.

VOus venez fort à propos , Monſieur,
j'ai à vous dire que je ne ſuis plus dans
le deſſein de marier ma fille avec Damis.

Mr ORONTE.

Ah ah ! peut-on ſçavoir, Madame :
pourquoi vous avez changé de reſolution.

Me ORONTE.

C'eſt qu'il ſe preſente un meilleur parti
pour Angelique. Valere la demande , il
n'eſt pas à la verité ſi riche que Damis ;
mais il eſt Gentilhomme , & en faveur

de fa nobleffe , nous devons lui paffer fon peu de bien.

LISETTE.

Bon.

Mr ORONTE.

J'eftime Valere, & fans faire attention à fon peu de bien , je lui donnerois trés-volontiers ma fille, fi je le pouvois avec honneur , mais cela ne fe peut pas , Madame.

Me ORONTE.

D'où vient Monfieur ?

Mr ORONTE.

D'où vient ? voulez-vous que nous manquions de parole à Monfieur Orgon nôtre ancien ami ? avez-vous quelque fujet de vous plaindre de lui ?

Me ORONTE.

Non.

LISETTE. *bas*.

Courage, ne molliffez point.

Mr ORONTE.

Pourquoi donc lui faire un pareil affront ? fongez que le contrat eft figné, que tous les preparatifs font faits, & que nous n'attendons que Damis. La chofe n'eft-elle pas trop avancée pour s'en dedire ?

Me ORONTE.

Effectivement je n'avois pas fait toutes ces reflexions.

LISETTE. *bas.*

Adieu, la girouette va tourner.

Mr ORONTE.

Vous êtes trop raisonnable, Madame, pour vouloir vous opposer à ce mariage.

Me ORONTE.

Oh, je ne m'y oppose pas.

LISETTE.

Mort de ma vie, est-ce là une femme, elle ne contredit point!

Me ORONTE.

Vous le voyez Lisette, j'ai fait ce que j'ai pû pour Valere.

LISETTE.

Oüi vraiement voilà un amant bien pro- tegé.

SCENE

SCENE VIII.

Mr ORONTE, Mc ORONTE, ANGELIQUE, LISETTE, LABRANCHE.

Mr ORONTE.

J'Aperçois le valet de Damis.

LABRANCHE.

Trés-humble ferviteur à Mr & à Me Oronte, ferviteur trés-humble à Mademoi-felle Angelique, bonjour Lifette.

Mr ORONTE.

Hé bien, Labranche, quelle nouvelle?

LABRANCHE.

Monfieur Damis vôtre gendre & mon maître, vient d'arriver de Chartres. Il marche fur mes pas, j'ai pris les devants pour vous en avertir.

ANGELIQUE. *bas.*

O Ciel !

C

Mr ORONTE.

Je l'attendois avec impatience, mais pourquoi n'eſt-il pas venu tout droit chez moi? Dans les termes où nous en ſommes, doit-il faire ces façons-là?

LABRANCHE.

Oh, Monſieur, il ſçait trop bien vivre pour en uſer ſi familierement avec vous, c'eſt le garçon de France qui a les meilleu-res manieres; quoique je ſois ſon valet, je n'en puis dire que du bien.

Me ORONTE.

Eſt-il poli, eſt-il ſage?

LABRANCHE.

S'il eſt ſage! Madame? il a été élevé avec la plus brillante jeuneſſe de Paris, tu dieu! c'eſt une teſte bien ſenſée.

Mr ORONTE.

Et Monſieur Orgon n'eſt-il pas avec lui?

LABRANCHE.

Non, Monſieur, de vives atteintes de gout-te l'ont empêché de ſe mettre en chemin.

Mr ORONTE.

Le pauvre bonhomme!

LABRANCHE.

Cela l'a pris ſubitement la veille de nô-tre départ. Voici une lettre qu'il vous écrit.

Il donne une lettre à Mr Oronte.

Mr ORONTE *lit le deſſus.*

A Mr Mr Craquet, Medecin, dans la
ruë du Sepulchre.

LABRANCHE. *reprenant la lettre.*
Ce n'eſt point cela Monſieur.

Mr ORONTE *riant.*
Voilà un Medecin qui loge dans le quar-
tier de ſes malades.

LABRANCHE *tire pluſieurs lettres ,*
& en lit les adreſſes.

J'ai pluſieurs lettres que je me ſuis chargé de rendre à leurs adreſſes. Voyons celle-
ci... *il lit* ..à Monſieur Bredoüillet Avo-
cat au Parlement ruë des mauvaiſes paroles. Ce n'eſt point encore cela, paſſons à
l'autre... *il lit* .. à Monſieur Gourman-
din, Chanoine de ... oüais je ne trouverai point celle que je cherche... *il lit* .. à
Monſieur Oronte. Ah voici la lettre de
Monſieur Orgon.. *il la donne* ... Il l'a
écrite d'une main ſi tremblante, que vous
n'en reconnoîtrez pas l'écriture.

Mr ORONTE.
En effet elle n'eſt pas reconnoiſſable.

LABRANCHE.
La goutte eſt un terrible mal. Le Ciel
vous en veuille preſerver, auſſi bienque Madame Oronte, Mademoiſelle Angelique,

C ij

28 CRISPIN RIVAL

Lifette, & toute la compagnie.
Mr ORONTE. *lit.*

Je me difpofois à partir avec Damis ; mais la goutte m'en a empêché. Néanmoins comme ma prefence n'eft point abfolument neceffaire à Paris, je n'ai pas voulû que mon indifpofi- tion retardât un mariage qui fait ma plus che- re envie, & toute la confolation de ma vieilleffe. Je vous envoye mon fils, fervez lui de Pere comme à vôtre fille. Je trouverai bon tout ce que vous ferez.

De Chartres,

Vôtre affectionné ferviteur
ORGON.

Que je le plains !.. Mais qui eft ce jeu- ne homme qui s'avance ? ne feroit-ce point Damis ?
LABRANCHE.

C'eft lui-même ; qu'en dittes vous, Ma- dame ? n'a-t-il pas un air qui previent en fa faveur ?

SCENE IX.

Mr ORONTE, Me ORONTE,
ANGELIQUE, LISETTE,
LABRANCHE, CRISPIN.

Me ORONTE.

IL n'eſt pas mal fait vrayement.
CRISPIN.
Labranche.
LABRANCHE.
Monſieur.
CRISPIN.
Eſt-ce là Monſieur Oronte, mon illuſ-
tre beau-pere ?
LABRANCHE.
Oüi, vous le voyez en propre original.
Mr ORONTE.
Soyez le bien-venû, mon gendre, em-
braſſez-moi.
CRISPIN *embraßant Mr Oronte.*
Ma joye eſt extréme de pouvoir vous

C iij

témoigner l'extrême joye que j'ai de vous embraffer. Voilà fans doute l'aimable enfant qui m'eft deftinée ?

Mr ORONTE.

Non, mon gendre, c'eft ma femme ; voici ma fille Angelique.

CRISPIN.

Malpefte la jolie famille ! je ferois volontiers ma femme de l'une, & ma maîtreffe de l'autre.

Me ORONTE.

Cela eft trop galand. Il paroît avoir de l'efprit, Lifette.

LISETTE.

Et du goût même.

CRISPIN.

Quel air ! quelle grace ! quelle noble fierté ! ventrebleu, Madame, vous êtes toute adorable, mon pere me le difoit bien, tu verras Madame Oronte, c'eft la beauté la plus piquante.

Me ORONTE.

Fy donc.

CRISPIN.

La plus défag... je voudrois, dit-il, qu'elle fut veuve, je l'aurois bien-tôt époufée.

Mr ORONTE. *riant.*

Je lui fuis , parbleu , bien obligé.

Me ORONTE.

Je l'eſtime infiniment Monſieur vôtre
Pere, que je fuis fâchée qu'il n'ait pû venir
avec vous !

CRISPIN.

Qu'il eſt mortifié de ne pouvoir être de
la nôce ! Il ſe promettoit bien de danſer la
bourée avec Madame Oronte.

LABRANCHE.

Il vous prie d'achever promptement ce
mariage : car il a une furieuſe impatience
d'avoir ſa brû auprés de lui.

Mr ORONTE.

Hé mais toutes les conditions ſont ar-
rêtées entre nous & ſignées ; il ne reſte plus
qu'à terminer la choſe, & compter la dot.

CRISPIN.

Compter la dot. Oüi c'eſt fort- bien dit.
Labranche. Permettez que je donne une
commiſſion à mon valet. Va chez le Mar-
quis ... *bas* ... va-t'en arrêter des chevaux
pour cette nuit, tu m'entens ... *haut* &
tu lui diras que je lui baiſe les mains.

LABRANCHE. *ſortant.*

J'y vôle.

C iiij

SCENE X.

Mr ORONTE, Me ORONTE, ANGELIQUE, LISETTE, CRISPIN.

Mr ORONTE.

REvenons à vôtre pere, je fuis tres af-
fligé de fon indifpofition, mais fa-
tisfaites, je vous prie, ma curiofité. Dittes
moi un peu des nouvelles de fon procez.

CRISPIN. *d'un air inquiet.*
Labranche.

Mr ORONTE.

Vous êtes bien émû, qu'avez-vous?

CRISPIN.

bas Maugrebleu de la queftion ... *haut* ..
j'ai oublié de charger Labranche ... *bas*
il devoit bien me parler de ce procez-là.

Mr ORONTE.

Il reviendra. Hé bien ce procez a-t-il enfin
été jugé?

CRISPIN.

Oüi, Dieu merci, l'affaire en est faite.

Mr ORONTE.

Et vous l'avez gagné ?

CRISPIN.

Avec dépens.

Mr ORONTE.

J'en suis ravi, je vous assûre.

Me ORONTE.

Le Ciel en soit loué.

CRISPIN.

Mon pere avoit cette affaire à cœur ; il auroit donné tout son bien aux Juges, plûtôt que d'en avoir le démenti.

Mr ORONTE.

Ma foi cette affaire lui a bien coûté de l'argent, n'est-ce pas ?

CRISPIN.

Je vous en reponds ; mais la Justice est une si belle chose, qu'on ne sauroit trop l'achepter.

Mr ORONTE.

J'en conviens, mais outre cela ce procés lui a bien donné de la peine.

CRISPIN.

Oh ! cela n'est pas concevable ! il avoit affaire au plus grand chicancur, au moins raisonnable de tous les hommes.

Mr ORONTE.

Qu'apellez vous de tous les hommes? il
m'a dit que sa partie étoit une femme.

CRISPIN.

Oüi, sa partie étoit une femme, d'accord, mais cette femme avoit dans ses interêts un certain vieux Normand qui lui
donnoit des conseils, c'est cet homme là qui
a bien fait de la peine à mon pere ... mais
changeons de discours ; laissons-là les procés, je ne veux m'occuper que de mon mariage, & que du plaisir de voir Madame
Oronte.

Mr ORONTE.

Hé bien, allons mon gendre, entrons,
je vais ordonner les aprêts de vos nôces.

CRISPIN. *donnant la main*
à Madame Oronte.

Madame ?

Me ORONTE.

Vous n'êtes pas à plaindre, ma fille,
Damis a du merite.

SCENE XI.

ANGELIQUE, LISETTE.

ANGELIQUE,

HElas ! que vais je devenir ?
LISETTE.
Vous allez devenir femme de Monſieur
Damis, cela n'eſt pas difficile à deviner.
ANGELIQUE.
Ah ! Liſette, tu ſçais mes ſentimens ,
montre-toi ſenſible à mes peines.
LISETTE. *pleurant.*
La pauvre enfant !
ANGELIQUE.
Auras-tu la dureté de m'abandònner à
mon ſort ?
LISETTE.
Vous me fendez le cœur.
ANGELIQUE.
Liſette, ma chere Liſette !

LISETTE.

Ne m'en dittes pas davantage. Je suis si touchée, que je pourrois bien vous donner quelque mauvais conseil, & je vous vois si affligée, que vous ne manqueriez pas de le suivre.

SCENE XII.

ANGELIQUE, VALERE, LISETTE.

VALERE.

CRispin, m'a dit de ne point paroître ici de quelques jours, qu'il méditoit un stratagême ; mais il ne m'a point expliqué ce que c'est. Je ne puis vivre dans cette incertitude.

LISETTE.

Valere vient.

VALERE.

Je ne me trompe point; C'est elle-même, belle Angelique, de grace aprenez-moi vous même ma destinée? quel sera le fruit...

Mais

Mais quoi ! vous pleurez l'une & l'autre!
LISETTE.
Hé oüi, Monfieur, nous pleurons, nous nous défefperons. Vôtre rival eft arrivé.
VALERE.
Qu'eft-ce que j'entends?
LISETTE.
Et dés ce foir, il époufera ma maîtreffe,
VALERE.
Jufte Ciel !
LISETTE.
Si du moins aprés fon mariage, elle demeuroit à Paris, paffe encore; vous pourriez quelquefois tous deux pleurer vos déplaifirs ; mais pour comble de chagrin, il faudra que vous pleuriez tout feul.
VALERE.
J'en mourrai ; mais, Lifette, qui eft donc cet heureux rival qui m'enleve ce que j'ai de plus cher au monde ?
LISETTE.
On le nomme Damis.
VALERE.
Damis !
LISETTE.
C'eft un homme de Chartres.
VALERE.
Je connois tout ce païs-là, & je ne fça-

D

che point qu'il y ait un autre Damis que le fils de Monsieur Orgon.

LISETTE.

Justement, c'est le fils de Monsieur Orgon qui est vôtre rival.

VALERE.

Ah si nous n'avons que ce Damis à craindre, nous devons nous rassurer.

ANGELIQUE.

Que dittes-vous Valere ?

VALERE.

Cessons de nous affliger charmante Angelique ; Damis depuis huit jours s'est marié à Chartres.

LISETTE.

Bon !

ANGELIQUE.

Vous vous mocquez Valere. Damis est ici qui s'aprête à recevoir ma main.

LISETTE.

Il est en ce moment au logis, avec Mr & Me Oronte.

VALERE.

Damis est de mes amis, & il n'y a pas huit jours qu'il m'a écrit, j'ai sa lettre chez moi.

ANGELIQUE.

Que vous mande-t-il ?

VALERE.

Qu'il s'eſt marié ſecretement à Chartres avec une fille de condition.

LISETTE.

Marié ſecretement! oh oh, aprofondiſſons un peu cette affaire, il me paroît qu'elle en vaut bien la peine. Allez, Monſieur, allez querir cette lettre & ne perdez point de tems.

VALERE.

Dans un moment je ſuis de retour.

LISETTE.

Et nous, ne négligeons point cette nouvelle, je ſuis fort trompée ſi nous n'en tirons pas quelque avantage. Elle nous ſervira du moins à faire ſuſpendre pour quelque tems vôtre mariage. Je vois venir Mr Oronte, pendant que je la lui apprendrai, courez en faire part à Madame vôtre mere.

D ij

SCENE XIII.

Mr ORONTE, LISETTE.

Mr ORONTE.

VAlere vient de vous quitter, Lisette ?
LISETTE.
Oüi, Monsieur, il vient de nous dire une chose qui vous surprendra sur ma parole.

Mr ORONTE.
Hé quoi ?

LISETTE.
Par ma foi Damis est un plaisant homme, de vouloir avoir deux femmes, pendant que tant d'honnêtes gens sont si fâchez d'en avoir une !

Mr ORONTE.
Explique toi Lisette.

LISETTE.
Damis est marié, il a épousé secrettement une fille de Chartres, une fille de qualité.

Mr ORONTE.

Bon, cela se peut-il, Lisette ?

LISETTE.

Il n'y a rien de plus veritable, Monsieur, Damis l'a mandé lui-même à Valere qui est son ami.

Mr ORONTE.

Tu me contes une fable te dis je.

LISETTE.

Non, Monsieur, je vous assure. Valere est allé querir la lettre, il ne tiendra qu'à vous de la voir.

Mr ORONTE.

Encore un coup je ne puis croire ce que tu dis.

LISETTE.

Hé Monsieur, pourquoi ne le croirez-vous pas ? les jeunes gens ne sont-ils pas aujourd'hui capables de tout ?

Mr ORONTE.

Il est vrai qu'ils sont plus corrompus qu'ils ne l'étoient de mon tems.

LISETTE.

Que sçavons-nous si Damis n'est point un de ces petits scelerats, qui ne se font point un scrupule de la pluralité des dots ? Cependant la personne qu'il a épousée étant de c ondition, ce mariage clandestin

D iij

aura des suites qui ne seront pas fort agreables pour vous.

Mr ORONTE.

Ce que tu dis ne laisse pas de meriter qu'on y fasse quelque attention.

LISETTE.

Comment quelque attention ? si j'étois à vôtre place, avant que de livrer ma fille, je voudrois du moins être éclairci de la chose.

Mr ORONTE.

Tu as raison, je vois paroître le valet de Damis, il faut que je le sonde finement. Retire toi, Lisette, & me laisse avec lui.

LISETTE. *en s'en allant.*

Si cette nouvelle pouvoit se confirmer.

SCENE XIV.

Mr ORONTE, LABRANCHE.

Mr ORONTE.

A Proche Labranche, viens-ça, je te
trouve une phifionomie d'honnête
homme.

LABRANCHE.

Oh Monfieur, fans vanité, je fuis encore plus honnête homme que ma phifionomie.

Mr ORONTE.

J'en fuis bien aife. Ecoute, ton maître
a la mine d'un verd galand.

LABRANCHE.

Tudieu, c'eft un joli homme. Les femmes en font folles. Il a un certain air libre
qui les charme. Monfieur Orgon en le ma-
riant affure le repos de trente familles pour
le moins.

Mr ORONTE.

Cela étant, je ne m'étonne point qu'il

D iiij

ait pouſſé à bout une fille de qualité.

LABRANCHE.
Que dittes-vous ?

Mr ORONTE.
Il faut , mon ami , que tu me confeſſes la verité, je ſçai tout , je ſçai que Damis eſt marié;qu'il a épouſé une fille de Chartres.

LABRANCHE.
Ouf !

Mr ORONTE.
Tu te troubles , je vois qu'on m'a dit vrai, tu es un fripon.

LABRANCHE.
Moi , Monſieur ?

Mr ORONTE.
Ouï toi, pendart , je ſuis inſtruit de vôtre deſſein , & je pretends te faire punir comme complice d'un projet ſi criminel.

LABRANCHE.
Quel projet, Monſieur ! que je meure ſi je comprens...

Mr ORONTE.
Tu feins d'ignorer ce que je veux dire, traître,mais ſi tu ne me fais tout à l'heure un aveu ſincere de toutes choſes, je vais te mettre entre les mains de la Juſtice.

LABRANCHE.
Faites tout ce qu'il vous plaira, Mr,

je n'ai rien à vous avoüer. J'ai beau donner la torture à mon esprit, je ne devine point le sujet de plaintes que vous pouvez avoir contre moi.

Mr ORONTE.

Tu ne veux donc pas parler. Holà quelqu'un, qu'on me fasse venir un Commissaire.

LABRANCHE.

Attendez, Monsieur, point de bruit. Tout innocent que je suis, vous le prenez sur un ton qui ne laisse pas d'embarasser mon innocence. Allons, éclaircissons nous tout deux de sang froid, ça, qui vous a dit que mon maître étoit marié?

Mr ORONTE.

Qui? il l'a mandé lui même à un de ses amis, à Valere.

LABRANCHE.

A Valere, dittes vous?

Mr ORONTE.

A Valere, oüi! que répondras tu à cela?

LABRANCHE. *riant.*

Rien, parbleu, le trait est excellent! ah ah Mr Valere, vous ne vous y prenez pas mal ma foi!

Mr ORONTE.

Comment, qu'est-ce que cela signifie?

LABRANCHE. *riant.*

On nous l'avoit bien dit, qu'il nous re-
galeroit tôt ou tard d'un plat de fa fa-
çon. Il n'y a pas manqué comme vous
voyez.

Mr. ORONTE.

Je ne vois point cela.

LABRANCHE.

Vous l'allez voir, vous l'allez voir.
Premierement ce Valere aime Mademoi-
felle vôtre fille, je vous en avertis.

Mr ORONTE.

Je le fçai bien.

LABRANCHE.

Lifette eft dans fes interêts. Elle entre
dans toutes les mefures qu'il prend, pour
faire réuffir fa recherche. Je vais parier
que c'eft-elle qui vous aura debité ce men-
fonge-là.

Mr ORONTE.

Il eft vrai.

LABRANCHE.

Dans l'embaras où l'arrivée de mon
Maître les a jettez tous deux, qu'ont ils
fait? ils ont fait courir le bruit que Damis
étoit marié. Valere même montre une
lettre fuppofée qu'il dit avoir reçuë de
mon Maître, & tout cela vous m'enten-

dez bien, pour suspendre le mariage
d'Angelique.

Mr ORONTE. *bas*

Ce qu'il dit est assez vrai-semblable.

LABRANCHE.

Et pendant que vous aprofondirez ce
faux bruit, Lisette gagnera l'esprit de sa
Maîtresse, & lui fera faire quelque mauvais pas, aprés quoi vous ne pourez plus
la refuser à Valere.

Mr ORONTE. *bas.*

Hon hon, ce raisonnement est assez raisonnable.

LABRANCHE.

. Mais ma foi les trompeurs feront trom-
pez. Monsieur Oronte est homme d'esprit,
homme de tête, ce n'est point à lui qu'il faut
se joüer.

Mr ORONTE.

Non parbleu.

LABRANCHE.

Vous sçavez toutes les rubriques du
monde, toutes les ruses qu'un amant met
en usage pour supplanter son rival.

Mr ORONTE.

Je t'en répons. Je vois bien que ton
Maître n'est point marié. Admirez un peu
la fourberie de Valere ; il assure qu'il est

intime ami de Damis, & je vais parier
qu'ils ne se connoissent seulement pas.

LABRANCHE.

Sans doute. Malpeste, Monsieur, que
vous êtes penetrant ! comment, rien ne
vous échappe.

Mr ORONTE.

Je ne me trompe gueres dans mes con-
jectures. J'aperçois ton Maître ; je veux
rire avec lui de son prétendû mariage ,
ah ah ah ah.

LABRANCHE.

hé hé hé hé hé hé hé.

SCENE XV.

Mr ORONTE, LABRANCHE, CRISPIN.

Mr ORONTE. *riant.*

VOus ne sçavez pas mon gendre, ce
que l'on dit de vous ? que cela est plaisant ! on m'est venû donner avis, mais avis
comme d'une chose assurée que vous êtiez
marié ? vous avez, dit-on , épousé secrete-
ment

ment une fille de Chartres. Ah ah ah ah,
eſt-ce que vous ne trouvez pas cela plaiſant ?

LABRANCHE. *riant, &*
faiſant des ſignes à Criſpin.

Hé hé hé hé , il n'y a rien de ſi plaiſant.

CRISPIN.

Ho ho ho ho , cela eſt tout à fait plaiſant.

Mr ORONTE.

Un autre j'en ſuis ſeur, ſeroit aſſez ſot
pour donner la dedans ; mais moi, ſerviteur.

LABRANCHE.

Oh diable , Monſieur Oronte eſt un des
plus gros genies !

CRISPIN.

Je voudrois ſçavoir qui peut être l'au-
teur d'un bruit ſi ridicule.

LABRANCHE.

Monſieur dit que c'eſt un gentilhomme
appellé Valere.

CRISPIN *faiſant l'étonné.*

Valere! qui eſt cet homme là ?

LABRANCHE.

à Monſieur Oronte. Vous voyez bien,
Monſieur, qu'il ne le connoît pas... *à*
Criſpin... Hé là c'eſt ce jeune homme

E

que tu fçais... que vous fçavez dis-je...
qui eſt vôtre rival, à ce qu'on nous a dit.

CRISPIN.

Ah oüi oüi, je m'en ſouviens ; à telles
enſeignes qu'on nous a dit qu'il a peu de
bien, & qu'il doit beaucoup ; mais qu'il
couche en jouë la fille de Monſieur Oronte ; & que ſes créanciers font des vœux
trés ardens pour la proſperité de ce mariage.

Mr ORONTE.

Ils n'ont qu'à s'y attendre, vraiement,
ils n'ont qu'à s'y attendre.

LABRANCHE.

Il n'eſt pas ſot ce Valere, il n'eſt parbleu pas ſot.   ### Mr ORONTE

Je ne ſuis pas bête non plus, je ne ſuis
palſembleu pas bête ; & pour le lui faire
voir, je vais de ce pas chez mon Notaire,
ou plûtôt Damis, j'ai une propoſition à
vous faire. Je ſuis convenu, je l'avouë,
avec Monſieur Orgon de vous donner vingt
mille écus en argent comptant ; mais voulez vous prendre pour cette ſomme, ma maiſon du Fauxbourg Saint Germain, elle m'a
coûté plus de quatre-vingt mille francs à
bâtir.

CRISPIN.

Je ſuis homme à tout prendre ; mais en

tre nous, j'aimerois mieux de l'argent comptant.

LABRANCHE.

L'argent comme vous fçavez, eft plus portatif.

Mr ORONTE.

Affurément.

CRISPIN.

Oüi cela fe met mieux dans une valife. C'eft qu'il fe vend une terre auprés de Chartres, je voudrois bien l'achepter.

LABRANCHE.

Ah Monfieur la belle acquifition ! fi vous aviez vû cette terre-là, vous en feriez charmé.

CRISPIN.

Je l'aurai pour vingt-cinq mille écus, & je fuis affuré qu'elle en vaut bien foixante mille.

LABRANCHE.

Du moins, Monfieur, du moins. Comment fans parler du refte, il y a deux étangs où l'on pêche chaque année pour deux mille francs de goujon.

Mr ORONTE.

Il ne faut pas laiffer échapper une fi belle occafion. Ecoutez, j'ai chez mon Notaire cinquante mille écus que je refervois pour achepter le Château d'un certain Financier qui va bien-tôt disparoître, je veux vous en donner la moitié.

CRISPIN *embraffant Mr Oronte.*

Ah quelle bonté, Monfieur Oronte ! Je n'en perdrai jamais la memoire ; une éternelle reconnoiffance... mon cœur... enfin j'en fuis tout penetré.

LABRANCHE.

Monfieur Oronte eft le Phœnix des beaux peres.

Mr ORONTE.

Je vais vous querir cet argent ; mais je rentre auparavant pour donner cet avis à ma femme.

CRISPIN.

Les créanciers de Valere vont fe pendre,

Mr ORONTE.

Qu'ils fe pendent ! je veux que dans une heure vous époufiez ma fille.

CRISPIN.

Ah ah ah que cela fera plaifant !

LABRANCHE.

Oüi oüi, c'eft cela qui fera tout à fait drôle,

SCENE XVI.

CRISPIN, LABRANCHE.

CRISPIN.

IL faut que mon Maître ait eû un éclair-
ciffement avec Angelique ; & qu'il
connoiffe Damis.

LABRANCHE.

Ils fe connoiffent fi bien , qu'ils s'écri-
vent comme tu vois ; mais graces à mes
foins, Monfieur Oronte eft prévenu contre
Valere, & j'efpere que nous aurons la dot
en croupe , avant qu'il foit defabufé.

CRISPIN.

O Ciel !

LABRANCHE.

Qu'as tu Crifpin ?

CRISPIN.

Mon Maître vient ici.

LABRANCHE.

Le fâcheux contre-temps !

E iij

SCENE XVII.

VALERE, CRISPIN, LABRANCHE.

VALERE.

JE puis avec cette lettre entrer chez Monſieur Oronte ; mais je vois un jeune homme, ſeroit-ce Damis ? Abordons le ; il faut que je m'éclairciſſe... Juſte Ciel c'eſt Criſpin !

CRISPIN.

C'eſt moi-même. Que diable venez-vous faire ici ? ne vous ai-je pas défendu d'aprocher de la maiſon de Monſieur Oronte ? vous allez détruire tout ce que mon induſtrie a fait pour vous.

VALERE.

Il n'eſt pas neceſſaire d'employer aucun ſtratagême pour moi, mon cher Criſpin.

CRISPIN.

Pourquoi ?

VALERE.
Je ſçai le nom de mon rival , Il s'appelle Damis ; je n'ai rien à craindre , il eſt marié.

CRISPIN.
Damis marié ; tenez , Monſieur , voila ſon valet que j'ai mis dans vos interêts. Il va vous dire de ſes nouvelles.

VALERE.
ſeroit-il poſſible que Damis ne m'eut pas mandé une choſe veritable ? à quel propos m'avoir écrit dans ces termes...
Il lit la lettre de Damis.

De Chartres.

Vous ſçaurez cher ami que je me ſuis marié en cette Ville ces jours paßez. J'ai epouſé ſecretement une fille de condition. J'irai bien-tôt à Paris , où je pretend vous faire de vive voix tout le détail de ce mariage.

DAMIS.

LABRANCHE.
Ah, Monſieur , je ſuis au fait. Dans le tems que mon Maître vous a écrit cette lettre , il avoit effectivement ébauché un

mariage ; Mais Monſieur Orgon au lieu
d'approuver l'ébauche , a donné une groſ-
ſe ſomme au pere de la fille , & a par ce
móyen aſſoupi la choſe.

VALERE.

Damis n'eſt donc point marié.

LABRANCHE.

Bon !

CRISPIN.

Eh non !

VALERE.

Ah mes enfans j'implore vôtre ſe-
cours. Quelle entrepriſe a tu formée ,
Criſpin ? Tu n'as pas voulu tantôt m'en
inſtruire. Ne me laiſſe pas plus long-temps
dans l'incertitude. Pourquoi ce déguiſe-
ment ? que prétends-tu faire en ma faveur?

CRISPIN.

Vôtre rival n'eſt point encore à Paris.
Il n'y ſera que dans deux jours. Je veux
avant ce temps-là dégouter Monſieur &
Madame Oronte de ſon alliance.

VALERE.

De quelle maniere ?

CRISPIN.

En paſſant pour Damis. J'ai déja fait
beaucoup d'extravagances, je tiens des
diſcours inſenſez , je fais des actions ridi-

cules qui revoltent à tout moment contre moi le pere & la mere d'Angelique.
vous connoissez le caractere de Madame
Oronte, elle aime les loüanges ; je lui dis
des duretez qu'un Petit-Maître n'oseroit
dire à une femme de Robe.

VALERE.

Hé bien.

CRISPIN.

Hé bien, je ferai & dirai tant de sottises,
qu'avant la fin du jour je pretends qu'ils
me chassent, & qu'ils prennent la resolution
de vous donner Angelique.

VALERE.

Et Lisette entre-t-elle dans ce stratagême?

CRISPIN.

Oüi Mr elle agit de concert avec nous;

VALERE.

Ah Crispin que ne te dois-je pas ?

CRISPIN.

Demandez pour plaisir à ce garçon-là
si je joüe bien mon rôle.

LABRANCHE.

Ah Monsieur, que vous avez là un domes-
tique adroit. C'est le plus grand fourbe de
Paris, il m'arrache cet éloge. Je ne le se-
conde pas mal à la verité, & si nôtre entreprise réussit, vous ne m'aurez pas moins

d'obligation qu'à lui.

VALERE.

Vous pouvez tous deux compter fur ma reconnoiffance ; je vous promets.

CRISPIN.

Eh Monfieur laiffez-là les promeffes, fongez que fi l'on vous voyoit avec nous, tout feroit perdu. Retirez vous & ne paroiffez point ici d'aujourd'hui.

VALERE.

Je me retire donc. Adieu mes amis ; je me repofe fur vos foins.

LABRANCHE.

Ayez l'efprit tranquile, Monfieur, éloignez vous vîte, abandonnez nous vôtre fortune.

VALERE.

Souvenez vous que mon io.....

CRISPIN.

Que de difcours !

VALERE.

Dépend de vous.

CRISPIN *le repouffant,*

Allez-vous-en, vous disje.

SCENE XVIII.

CRISPIN, LABRANCHE,

CRISPIN.

ENfin il eſt parti.
CRISPIN.
Je reſpire.
LABRANCHE.
Nous avons eu une alarme auſſi chaude!
Je mourois de peur que Monſieur Oronte ne nous ſurprit avec ton Maître.
CRISPIN.
C'eſt ce que je craignois auſſi ; mais
comme nous n'avions que cela à craindre,
nous ſommes aſſurez du ſuccez de nôtre
projet. Nous pouvons à preſent choiſir la
route que nous avons à prendre. As-tu ar-
rêté des chevaux pour cette nuit ?
LABRANCHE *regardant de loin.*
Oüi.
CRISPIN.
Bon. Je ſuis d'avis que nous prenions

le chemin de Flandres.

LABRANCHE *regardant toûjours.*

Le chemin de Flandres ; oüi , c'eft fort bien raifonné. J'opine auffi pour le chemin de Flandres.

CRISPIN.

Que regarde-tu donc avec tant d'attention?

LABRANCHE.

Je regarde... oüi... non... ventrebleu feroit-ce lüi?

CRISPIN

Qui lui ?

LABRANCHE

Helas, voilà toute fa figure !

CRISPIN.

La figure de qui ?

LABRANCHE.

Crifpin , mon pauvre Crifpin , c'eft Monfieur Orgon.

CRISPIN.

Le pere de Damis ?

LABRANCHE.

Lui-même.

CRISPIN.

Le maudit vieillard !

LABRANCHE.

Je crois que tous les diables font dechaînez contre la dot.

CRISPIN.

CRISPIN.

Il vient ici, il va entrer chez Monſieur Oronte, & tout va ſe découvrir.

LABRANCHE.

C'eſt ce qu'il faut empêcher s'il eſt poſ-ſible. Va m'attendre à l'auberge ; ce que je crains le plus, c'eſt que Monſieur Oronte ne ſorte pendant que je lui parlerai.

SCENE XIX.

Mr ORGON, LABRANCHE.

Mr ORGON. *à part.*

JE ne ſçai quel accueil je vais recevoir de Monſieur & de Madame Oronte.

LABRANCHE.

bas ... Vous n'êtes pas encore chez eux ...
haut ... Serviteur à Monſieur Orgon.

Mr ORGON.

Ah je ne te voyois pas Labranche!

LABRANCHE.

Comment Monſieur, c'eſt donc ainſi

F

que vous furprenez les gens. Qui vous croyoit à Paris?

Mr ORGON.

Je fuis parti de Chartres peu de temps aprés toi, parce que j'ai fait reflexion qu'il valoit mieux que je parlaſſe moi-même à Monſieur Oronte, & qu'il n'étoit pas honnête de retirer ma parole par le miniſtere d'un valet.

LABRANCHE.

Vous êtes délicat fur les bienſéances à ce que je vois. Si bien donc que vous allez trouver Monſieur & Madame Oronte?

Mr ORGON.

C'eſt mon deſſein.

LABRANCHE.

Rendez graces au Ciel de me rencontrer ici à propos pour vous en empêcher.

Mr ORGON.

Comment? les as-tu déja vû toi Labranche.

LABRANCHE.

Hé oüi, morbleu, je les ai vûs, je fors de chez eux. Madame Oronte eſt dans une colere horrible contre vous.

Mr ORGON.

Contre moi!

LABRANCHE.

Contre vous. Hé quoi, a-t-elle dit, Mr Orgon nous manque de parole, qui l'auroit crû? Ma fille déformais ne doit plus efperer d'établiffement.

Mr ORGON.

Quel tort cela peut-il faire à fa fille?

LABRANCHE.

C'eft ce que je lui ai répondu. Mais comment voulez-vous qu'une femme en colere entende raifon, c'eft tout ce qu'elle peut faire de fens froid. Elle a fait là-deffus des raifonnemens bourgeois: On ne croira point dans le monde, a-t-elle dit, que Damis ait été obligé d'époufer une fille de Chartres; on dira plûtôt que Monfieur Orgon a aprofondi nos biens, & que ne les ayant pas trouvé folides, il a retiré fa parole.

Mr ORGON.

Fy donc, peut-elle s'imaginer qu'on dira cela?

LABRANCHE.

Vous ne fçauriez croire jufqu'à quel point la fureur s'eft emparé de fes fens. Elle a les yeux dans la tête; elle ne connoît perfonne; elle m'a pris à la gorge, & j'ai eû toutes les peines du monde à me tirer de fes griffes.

F ij

Mr ORGON.

Et Monſieur Oronte ?

LABRANCHE.

Oh pour Monſieur Oronte , je l'ai trouvé plus moderé , lui ; il m'a ſeulement
donné deux ſoufflets.

Mr ORGON.

Tu m'étonnes Labranche , peuvent-ils
être capables d'un pareil emportement ? &
doivent-ils trouver mauvais que j'aye con-
ſenti au mariage de mon fils ? ne leur en as-
tu pas expliqué toutes les circonſtances ?

LABRANCHE.

Pardonnez-moi , je leur ai dit que Mr
vôtre fils ayant commencé par où l'on fi-
nit d'ordinaire , la famille de vôtre brû ſe
préparoit à vous faire un procez que vous
avez ſagement prévenu en uniſſant les par-
ties. Mr ORGON.

Ils ne ſe ſont pas rendûs à cette raiſon ?

LABRANCHE.

Bon rendus ! ils ſont bien en état de ſe
rendre. Si vous m'en croyez , Monſieur,
vous retournerez à Chartres tout à l'heure.

Mr ORGON. *veut entrer chez*
Monſieur Oronte.

Non Labranche , je veux les voir , &
leur repreſenter ſi bien les choſes , que . . .

LABRANCHE. *le retenant.*

Vous n'entrerez pas, Monſieur, je vous aſſure, je ne ſouffrirai point que vous alliez vous faire déviſager. Si vous leur voulez parler abſolument, laiſſez paſſer leurs premiers tranſports.

Mr ORGON.

Cela eſt de bon ſens.

LABRANCHE.

Remettez vôtre viſite à demain. Ils ſeront plus diſpoſez à vous recevoir.

Mr ORGON.

Tu as raiſon; ils ſeront dans une ſituation moins violente. Allons, je veux ſuivre ton conſeil.

LABRANCHE.

Cependant, Monſieur, vous ferez ce qu'il vous plaira, vous êtes le Maître.

Mr ORGON.

Non non, viens Labranche, je les verrai demain.

F iij

SCENE XX.

LABRANCHE. *seul.*

JE marche ſur vos pas, ou plûtôt je vais trouver Criſpin. Nous voila pour le coup au deſſus de toutes les difficultez. Il ne me reſte plus qu'un petit ſcrupule au ſujet de la dot. Il me fâche de la partager avec un aſſocié ; car enfin, Angelique ne pouvant être à mon Maître, il me ſemble que la dot m'apartient de droit tout entiere. Comment tromperai-je Criſpin? Il faut que je lui conſeille de paſſer la nuit avec Angelique. Ce ſera ſa femme une fois. Il l'aime, & il eſt homme à ſuivre ce conſeil. Pendant qu'il s'amuſera à la bagatelle, je demenagerai avec le ſolide. Mais, non. Rejettons cette penſée. Ne nous broüillons point avec un homme qui en ſçait auſſi long que moi. Il pourroit bien quelque jour avoir ſa revanche. D'ailleurs, ce ſeroit aller contre nos loix. Nous autres gens d'intrigue, nous nous gardons les uns aux autres une fidelité plus exacte que les honnêtes gens. Voici Monſieur Oronte qui ſort de chez lui pour aller chez ſon Notaire ; quel bonheur d'avoir éloigné d'ici Monſieur Orgon. ?

SCENE XXI.

Mr ORONTE, LISETTE.

LISETTE.

JE vous le dis encore, Monſieur, Valere eſt honnête homme, & vous devez aprofondir...

Mr ORONTE.

Tout n'eſt que trop aprofondi Liſette ; Je ſçai que vous êtes dans les interêts de Valere ; & je ſuis fâché que vous n'ayez pas inventé enſemble un meilleur expedient pour m'obliger a differer le mariage de Damis.

LISETTE.

Quoi Monſieur, vous vous imaginez...

Mr ORONTE.

Non, Lifette, je ne m'imagine rien. Je
fuis facile à tromper. Moi ! Je fuis le plus
pauvre genie du monde. Allez, Lifette, dittes
à Valere qu'il ne fera jamais mon gendre.
C'eft de quoi il peut affurer Meffieurs fes
créanciers.

SCENE XXII.

LISETTE. *feul.*

Ouais, que fignifie tout ceci ? il y a
quelque chofe là-dedans qui paffe ma
penetration.

SCENE XXIII.

VALERE, LISETTE.

VALERE. *à part.*

Quoique m'ait dit, Crifpin, je ne
puis attendre tranquillement le fuc-

cez de son artifice. Aprés tout, je ne sçai pourquoi il ma recommandé avec tant de soin de ne point paroître ici ; car enfin au lieu de détruire son stratagéme, je pourrois l'appuyer.

LISETTE.

Ah Monsieur !

VALERE.

Hé bien Lisette ?

LISETTE.

Vous avez tardé bien long-tems, où est la lettre de Damis ?

VALERE.

La voici, mais elle nous sera inutile. Dis-moi plûtôt, Lisette, comment va le stratagême.

LISETTE.

Quel stratagême ?

VALERE.

Celui que Crispin a imaginé pour mon amour.

LISETTE.

Crispin, qu'est-ce que c'est que ce Crispin?

VALERE.

Hé parbleu, c'est mon valet !

LISETTE.

Je ne le connois pas.

VALERE.

C'eſt pouſſer trop loin la diſſimulation, Liſette, Criſpin m'a dit que vous étiez tous deux d'intelligence.

LISETTE.

Je ne ſçai ce que vous voulez dire, Monſieur.

VALERE·

Ah c'en eſt trop; je perds patience, je ſuis au déſeſpoir.

SCENE XXIV.

Me ORONTE, ANGELIQUE, VALERE, LISETTE.

Me ORONTE.

JE ſuis bien aiſe de vous trouver Valere, pour vous faire des reproches. Un galand homme doit-il ſuppoſer des lettres ?

LISETTE.

Suppoſer moi, Madame ! qui peut m'a-voir rendu ce mauvais office auprés de vous?

LISETTE.

Hé Madame, Mr Valere n'a rien ſuppo-
ſé. Il y a de la manigance en cette affaire …
mais voici Monſieur Oronte qui revient ;
Monſieur Orgon eſt avec lui. Nous allons
tout découvrir,

SCENE XXV.

Mr ORONTE, Mr ORGON,
VALERE, Me ORONTE,
ANGELIQUE, LISETTE.

Mr ORONTE.

IL y a de la friponerie la dedans, Monſieur Orgon.

Mr ORGON.

C'eſt ce qu'il faut éclaircir Mr Oronte.

Mr ORONTE.

Madame, je viens de renconter Monſieur
Orgon en allant chez mon Notaire ; il
vient, dit-il, à Paris pour retirer ſa parole,
Damis eſt effectivement marié.

ANGELIQUE. *bas.*

Qu'est-ce que j'entends ?

Mr ORGON.

Il est vrai, Madame, & quand vous sçaurez toutes les circonstances de ce mariage, vous excuserez.

Mr ORONTE.

Monsieur Orgon n'a pû se dispenser d'y consentir ; mais ce que je ne comprens pas, c'est qu'il assure que son fils est actuellement à Chartres.

Mr ORGON.

Sans doute.

Me ORONTE.

Cependant, il y a ici un jeune homme qui se dit vôtre fils.

Mr ORGON.

C'est un imposteur.

Mr ORONTE.

Et Labranche ce même valet qui étoit ici avec vous il y a quinze jours, l'appelle son Maître.

Mr ORGON.

Labranche, dittes vous ? ah le pendart! je ne m'étonne plus s'il m'a tout à l'heure empêché d'entrer chez vous. Il m'a dit que vous étiez tous deux dans une colere épouvantable contre moi, & que vous

l'aviez

1

l'aviez maltraité lui.

Me ORONTE.

Le menteur !

LISETTE. *bas.*

Je vois l'encloüeure, ou peu s'en faut.

VALERE. *bas.*

Mon traître se seroit-il joüé de moi !

Mr ORONTE.

Nous allons approfondir cela , car les voici tous deux.

SCENE XXVI
& derniere.

Mr ORONTE, Me ORONTE, Mr ORGON, VALERE, ANGELIQUE, LISETTE. CRISPIN, LABRANCHE.

CRISPIN.

HE bien Monsieur Oronte, tout est-il prêt ? nôtre mariage .. ouf ! qu'est-ce que je vois ?

G

LABRANCHE.

Ahi nous sommes découverts, sauvons nous.

> *Ils veulent se retirer,*
> *mais Valere court à*
> *eux, & les arrête.*

VALERE.

Oh vous ne nous échaperez pas, Messieurs les marauds, & vous serez traittez comme vous le meritez.

> *Valere met la main sur*
> *l'épaule de Crispin. Mr*
> *Oronte & Mr Orgon se*
> *saisissent de Labranche.*

Mr ORONTE.

Ah ah ! nous vous tenons fourbes.

Mr ORGON *à Labranche.*

Dis-nous méchant ? qui est cet autre fripon que tu fais passer pour Damis ?

VALERE.

C'est mon valet.

Me ORONTE.

Un valet, juste Ciel un valet !

VALERE.

Un perfide qui me fait accroire qu'il est dans mes interêts, pendant qu'il employe pour me tromper le plus noir de tous les artifices.

CRISPIN.

Doucement, Monſieur, doucement ne
jugeons point ſur les apparences.

Mr ORGON. *à Labranche.*

Et toi Coquin, voilà donc comme tu
fais les commiſſions que je te donne.

LABRANCHE.

Allons, Monſieur, allons bride en main,
s'il vous plaît, ne condamnons point les
gens ſans les entendre.

Mr ORGON.

Quoi tu voudrois ſoûtenir que tu n'es pas
un maître fripon ?

LABRANCHE. *d'un ton pleureur.*

Je ſuis un fripon, fort bien. Voyez les
douceurs qu'on s'attire en ſervant avec af-
fection.

VALERE. *à Criſpin.*

Tu ne demeureras pas d'accord non plus
toy, que tu es un fourbe, un ſcelerat?

CRISPIN. *d'un ton emporté.*

Scelerat, fourbe, que diable, Monſieur,
vous me prodiguez des epithetes qui ne me
conviennent point du tout.

VALERE.

Nous aurons encore tort de ſoupçoner
vôtre fidelité, traitres !

78 CRISPIN RIVAL
point impunie.
LABRANCHE.
Eh Monſieur laiſſez-vous toucher, nous vous en conjurons par les beaux yeux de Madame Oronte.
CRISPIN.
Par la tendreſſe que vous devez avoir pour une femme ſi charmante.
Me ORONTE.
Ces pauvres garçons me font pitié, je demande grace pour eux.
LISETTE. *bas.*
Les habiles fripons que voilà.
Mr ORGON.
Vous êtes bien heureux, pendarts, que Madame Oronte intercede pour vous.
Mr ORONTE.
J'avois grande envie de vous fairepunir, mais puiſque ma femme le veut, oublions le paſſé; auſſi bien je donne aujourd'hui ma fille à Valere, il ne faut ſonger qu'à ſe rejoüir... *aux valets*... on vous pardonne donc; & même ſi vous voulez me promettre que vous vous corrigerez, je ſerai encore aſſez bon pour me charger de vôtre fortune.
CRISPIN. *ſe relevant.*
Oh, Mr, nous vous le promettons.

Mr ORONTE.

Cependant si on t'avoit laissé faire, tu aurois poussé la feinte jusqu'à épouser ma fille.

CRISPIN.

Non, Monsieur, demandez à Labranche, nous venions ici vous découvrir tout.

VALERE.

Vous ne sçauriez donner à vôtre perfidie des couleurs qui puissent nous ébloüir; puisque Damis est marié, il étoit inutile que Crispin fît le personnage qu'il a fait.

CRISPIN.

Hé bien, Messieurs, puisque vous ne voulez pas nous absoudre comme innocens, faites nous donc graces comme à des coupables. Nous implorons vôtre bonté.

Il se met à genoux devant Mr Oronte.

LABRANCHE *se mettant aussi à genoux.*

Oui, nous avons recours à vôtre clemence.

CRISPIN.

Franchement la dot nous a tentez. Nous sommes accoûtumez à faire des fourberies, pardonnez-nous celle-ci à cause de l'habitude.

Mr ORONTE.

Non non, vôtre audace ne demeurera

Mr ORONTE.

Que direz-vous pour vous juſtifier, miſerables ?

LABRANCHE.

Tenez, voilà Criſpin qui va vous tirer d'erreur.

CRISPIN.

Labranche vous expliquera la choſe en deux mots.

LABRANCHE.

Parle, Criſpin, fais leur voir nôtre innocence.

CRISPIN.

Parle toi-même, Labranche, tu les auras bien-tôt deſabuſé.

LABRANCHE.

Non non, tu débroüilleras mieux le fait.

CRISPIN.

Hébien, Meſſieurs, je vais vous dire la choſe tout naturellement. J'ai pris le nom de Damis, pour dégouter par mon air ridicule Monſieur & Madame Oronte de l'alliance de Monſieur Orgon, & les mettre par là dans une diſpoſition favorable pour mon Maître ; mais au lieu de les rebuter par mes manieres impertinentes, j'ai eu le malheur de leur plaire, ce n'eſt pas ma faute une fois.

LABRANCHE. *se relevant.*

Oüi Monfieur, nous fommes fi mortifiez de n'avoir pas réuffi dans nôtre entreprife, que nous renonçons à toutes les fourberies.

Mr ORONTE.

Vous avez de l'efprit, mais il en faut faire un meilleur ufage, & pour vous rendre honnêtes gens, je veux vous mettre tous deux dans les affaires. J'obtiendrai pour toi Labranche une bonne commiffion.

LABRANCHE.

Je vous réponds, Monfieur, de ma bonne volonté.

Mr ORONTE.

Et pour le valet de mon gendre, je lui ferai époufer la fillole d'un fous-fermier de mes amis.

CRISPIN.

Je tâcherai, Monfieur, de meriter par ma complaifance toutes les bontez du parrain.

Mr ORONTE.

Ne demeurons pas ici plus long-tems. Entrons, j'efpere que Monfieur Orgon voudra bien honorer de fa prefence les nôces de ma fille.

Mr ORGON.

J'y veux danſer avec Madame Oronte.

Mr Orgon donne la main
à Me Oronte, & Valere
à Angelique.

F I N.

APPROBATION.

J'AY lû par ordre de Monſeigneur le Chancelier, la Comedie de *Criſpin Ri-*
val de ſon Maître, & j'ai crû que le Pu-
blic en verroit l'impreſſion avec plaiſir.
Fait à Paris ce 4. Mai 1707.

FONTENELLE.

❀❀❀❀❀❀❀❀❀❀❀❀❀❀❀❀❀❀

PRIVILEGE DU ROY.

LOUIS Par la grace de Dieu, Roy de France
et de Navarre. A nos Amez & Feaux. Con-
ſeillers, les gens tenans nos Cours de Parlement, Maî-
tres des Requêtes ordinaires de nôtre Hôtel, Grand

PRIVILEGE DU ROY.

Conseil, Prevôt de Paris, Baillifs, Senechaux, leurs
Lieutenans Civils, & autres nos Justiciers & Officiers
qu'il appartiendra, SALUT. Nôtre amé le Sieur *le Sage*
nous a fait exposer, qu'il desireroit faire imprimer une
Comedie, sous le titre de *Crispin Rival de son Maître*,
s'il nous plaisoit lui accorder nos Lettres de Privilege
sur ce necessaires. Nous avons audit Sieur le Sage Exposant permis & permettons par ces presentes, de faire
imprimer ladite Comedie, en telle forme, marge, caractere & autant de fois qu'il voudra, pendant le tems de
Trois années consecutives, à compter du jour & datte
des Presentes. Faisons défense à toutes personnes d'en
introduire d'impression étrangere dans aucun lieu de nôtre obéissance, & à tous Imprimeurs & Libraires & autres, d'imprimer, ou faire imprimer ladite Comedie, à
peine de mil livres d'amende contre chacun des contre-
venans, applicable un tiers à l'Hôtel-Dieu de Paris, un
tiers audit Sieur exposant, & l'autre tiers au dénoncia-
teur, de confiscation des exemplaires contrefaits, & de
tous dépens, dommages & interêts, à la charge que ces
Presentes seront registrées sur le Registre de la Commu-
nauté des Imprimeurs & Libraires à Paris, & ce dans
trois mois du jour de leur datte, que l'impression de ladite Comedie sera faite dans nôtre Royaume, & non
silleurs; & ce en bon papier & beaux caractéres, conformément aux Reglemens de la Librairie, & qu'avant de
l'exposer en vente, il en sera mis deux exemplaires dans
nôtre Bibliotheque publique, un dans celle de nôtre Château du Louvre, & un dans celle de nôtre trés-cher &
Feal Chevalier, Chancelier de France, le Sieur Pheli-
peaux Comte de Pontchartrain, Commandeur de nos
Ordres, à peine de nullité des Presentes, du contenu
desquelles vous mandons & enjoignons de faire joüir ledit
Sieur Exposant, ou ceux qui auront droit de lui, pleine-
ment & paisiblement, sans souffrir qu'il leur soit fait
aucun trouble ou empêchement. Voulons que la copie
qui sera imprimée au commencement ou à la fin de la
Comedie, soit tenuë pour bien & duëment signifiée, &
qu'aux copies collationnées par l'un de nos amez & feaux
Conseillers Secretaires, foi soit ajoutée comme à l'Original. Commandons au premier nôtre Huissier ou Sergent
de faire pour l'execution desdites Presentes tous actes re-

PRIVILEGE DU ROY.

quis & néceffaires, fans demander aucune permiffion ;
nonobftant Clameur de Haro, Charte Normande & Lettres à ce contraires. CAR tel eft nôtre plaifir. DONNE'
à Verfailles le huitiéme jour de Mai l'an de grace 1707.
& de nôtre regne le foixante quatriéme, Par le Roi en
fon] Confeil , PAJOT.

Regiftré fur le Regiftre No 2. de la Commu-
nauté des Libraires & Imprimeurs de Paris , Page
204. No. 121. Conformément aux Reglemens &
notamment à l'Arrêt du Confeil du 13. Août
2703. A Paris ce 17. Mai 1707. GUERIN Syndic.

Et ledit Sieur le SAGE a cedé fon droit de
Privilege à PIERRE RIBOU, Libraire , fui-
vant l'accord fait entre eux.

www.ingramcontent.com/pod-product-compliance
Lightning Source LLC
LaVergne TN
LVHW050622090426
835512LV00008B/1614